W( )RT
MELDUNGEN
Ulrike Crespo Literaturpreis

Judith Schalansky

SCHWANKENDE KANARIEN

Mit Beiträgen von
Sandra Poppe,
Christiane Riedel
und Philipp Theisohn

VERBRECHER VERLAG

In ihrem Essay setzt sich Judith Schalansky mit metaphorischen und konkreten Frühwarnsystemen der Menschheit auseinander, die angesichts zunehmender ökologischer Krisen so dringlich wie unzulänglich erscheinen. Das Bild des Kanarienvogels, dessen plötzliches Verstummen Bergarbeiter einst vor dem Abfall des Sauerstoffgehalts warnte, dient Schalansky als Wegweiser durch das Dickicht des Alarm- und Ausnahmezustands, in dem Wächtertiere die Rolle von lebensrettenden Orakeln übernehmen und Bücher buchstäblich Leben retten können. Welche Begrifflichkeiten, fragt ihr vielschichtiger und fein verästelter Text, und welche Erzählmuster und Dramaturgien stehen uns zur Verfügung, um unmittelbares Handeln anzumahnen? Und welche neuen Mythen und Metaphern benötigen wir, um der Erzählung vom Weltende zu widerstehen? »Schwankende Kanarien« ist ein so engagierter wie poetischer Essay, in dem sich Anschauung, Wissen und Einfühlung auf eindrückliche Weise verbinden, und für den sie den WORTMELDUNGEN Ulrike Crespo Literaturpreis 2023 erhält.

WORTMELDUNGEN ist ein Programm der Crespo Foundation. Die gemeinnützige Frankfurter Stiftung wurde 2001 von der Psychologin und Fotografin Ulrike Crespo (1950–2019) gegründet, mit dem Ziel, Menschen in den entscheidenden Phasen ihrer Persönlichkeitsentwicklung zu fördern und sie darin zu unterstützen, ihr Potenzial zu entfalten, um Verantwortung für sich und andere zu übernehmen. Dazu engagiert sich die Stiftung mit vielfältigen Projekten in den Bereichen Kultur, Bildung und Soziales. Mit dem Band zu Judith Schalansky führt die Crespo Foundation die Buchreihe WORTMELDUNGEN im Verbrecher Verlag fort.

INHALT

VORWORT

Ein Mangel an Wissen sei nicht das Problem unserer Zeit, schlussfolgert Judith Schalansky am Ende ihres ausgezeichneten Essays. Es scheint viel mehr auf eine Kompetenz beim Verstehen und Interpretieren von Informationen anzukommen, um für das eigene Handeln die richtigen Schlüsse zu ziehen. Dazu kann Literatur einen entscheidenden Beitrag leisten, indem sie Wissen in Handlungen und Figuren erfahrbar macht, Möglichkeiten durchspielt, Visionen konkretisiert. Sie kann den Leser:innen damit Erkenntnisse »vor Augen führen« und emotionalisieren, was ein erster Schritt ist, um Menschen zu mobilisieren.

Genau dies hatte Ulrike Crespo, Stifterin der Crespo Foundation und Initiatorin von WORTMELDUNGEN, im Sinn, als sie die Auslobung des Preises begründete: »Es ist wichtig, dass die Themen uns bewegen, uns berühren, denn nur dann können wir etwas damit anfangen, mit dem wir auch wieder handeln und etwas verändern können.«

Hier setzt der WORTMELDUNGEN Ulrike Crespo Literaturpreis an, indem er Autor:innen dazu ermutigen möchte, eindringliche, differenzierte, kritische literarische Texte zu aktuellen gesellschaftlichen Themen zu schreiben. Die Kürze der Texte macht ein Reagieren auf aktuelle Geschehnisse möglich und führt zu einer Zuspitzung und Konzentration der Darstellung – und sie begünstigt eine schnelle Rezeption durch viele Leser:innen.

Judith Schalanskys Essay *Schwankende Kanarien* beschreibt die drohende ökologische Katastrophe und verbindet die aktuelle Situation in kunstvoller Weise mit Vergangenem, mit ästhetischen Motiven, Träumen, Emotionen – immer auf der Suche nach einem passenden Instrument der Warnung. Dabei wird ihr Text nicht nur selbst zum Signal, sondern reflektiert zugleich die Rolle der Literatur als Sensorium für gesellschaftliche und globale Zustände. »Der Kanarienvogel, das war ich, und er versicherte mich, dass ich noch da war, in einer Gegenwart, deren prekärer Zustand nicht nur durch die Wissenschaft benannt, sondern auch durch die Kunst erfahrbar gemacht werden konnte [...].«

Um dieses Erfahrbarmachen eines gegenwärtigen und häufig alarmierenden Zustands geht es nicht nur Judith Schalansky mit ihrem Text, sondern auch der Crespo Foundation mit der jährlichen Vergabe des WORTMELDUNGEN Ulrike Crespo Literaturpreises für kritische Kurztexte.

Daher ist es uns eine besondere Ehre und Freude Judith Schalanskys Text mit diesem Preis auszuzeichnen.

Frankfurt im April 2023
Sandra Poppe, Programmleitung WORTMELDUNGEN
Christiane Riedel, Vorstand Crespo Foundation

Judith Schalansky

SCHWANKENDE KANARIEN

In einer drückend heißen Nacht Anfang August träumte ich – wie immer, wenn ich Fieber habe – den mir altbekannten Traum: Vor meinen Füßen öffnet sich die Erde, klafft auf einmal eine Grube, in die ich falle, bevor ich mit dem Eifer einer Comicfigur flugs wieder herausklettere, nur um in die nächste Grube zu fallen, die sich urplötzlich vor mir auftut. Ein unendlicher Parcours, von einer übergeordneten Macht ausgerichtet, eine auf der Stelle tretende Versuchsanordnung – das Gegenteil einer Geschichte. Dieser Traum begleitet mich seit meiner Kindheit und ist wahrscheinlich genauso alt wie die Einsicht, selbst irgendwann für immer in einer Grube zu landen. Dramaturgisch gesehen ist es ein äußerst simpler, jedoch effektvoller Traum und nicht unorigineller als der von Sibylle, die, wie sie mir ein paar Tage darauf beim Frühstück erzählte, in ihrem Nachtschlaf regelmäßig von einer riesigen, tsunamihaften Welle überwältigt wird.

Ich musste daran denken, dass zu den zahlreichen Künsten, die ich gerne beherrschen würde, unbedingt die des luziden Träumens zählt: Man schläft und träumt, bei vollem Bewusstsein, beides zu tun. Die eigentliche Kunstfertigkeit besteht jedoch darin, darüber hinaus unmittelbar in das Traumgeschehen eingreifen zu können und die Handlung zu seinen Gunsten zu beeinflussen: Luzide träumend könnte ich also problemlos die auf mich zurasende Dampflokomotive von beispielsweise einer mitreisenden, ihre Fellpflege unterbrechenden und geistesgegenwärtig die Notbremse betätigenden Schimpansendame stoppen lassen. Ich könnte das im Jahrmarktsgewühl abhandengekommene eigene Kind auf den breiten Schultern einer milde lächelnden Krankenschwester quietschvergnügt wieder auftauchen lassen. Sogar einen niedergebrannten Dschungel in schwindelerregendem Zeitraffer chlorophylltrunken austreiben und von einer triumphal lärmenden Menagerie in Besitz nehmen lassen. Kurzum: Ich könnte das dramaturgische Ruder mit allen zulässigen Mitteln der Narration herumreißen und so einem Albdruck seinen namenlosen, bis tief in den Alltag des Wachzustands nachhallenden Schrecken nehmen. Ja, ich könnte im Traum alles – allen Zeichen, Erfahrungen und Wahrscheinlichkeiten zum Trotz – noch gut ausgehen lassen, bleierne Ohnmacht in quecksilbrige Supermacht transformieren – findig, kühn und vor keiner noch so unglaubwürdigen Wendung zurückschreckend.

Midpoints, erklärte mir Sibylle, die gerade dabei war, eine Streaming-Serie durchzuplotten und dafür ihre Flurwand mit zahllosen Post-its tapeziert hatte, *Midpoints* nennt die Drehbuchlehre jene entscheidenden Ereignisse, die dem Filmgeschehen eine andere Richtung geben und sie am Handlungshorizont ein neues Ziel ansteuern lassen. *Tipping Points*, wusste ich aus der Wissenschaftsseite der Zeitung, bezeichnen in der klimatischen und ökologischen Forschung die kritischen Momente zwischen zwei Zuständen, jene entscheidenden, doch schwer greifbaren Ereignisse, in denen sich Umweltbedingungen so weitreichend verändern, dass Situationen zum Kippen kommen, etwa Ökosysteme so massiv geschwächt, beeinträchtigt, gestresst oder auch Populationen einzelner Arten so stark dezimiert werden, dass sie sich davon nicht mehr erholen – sondern kollabieren, eben *kippen*, und jenen Punkt hinter sich lassen, der in dem drastischen Vokabular von Sibylles Drehbuchlehre als *point of no return* bekannt ist. Dann gibt es kein Zurück, aber was das bedeutet, sprengt nicht nur die Vorstellungskraft, sondern auch Begrifflichkeiten und Erzählmuster.

Die Frage, wann Kipppunkte genau eintreten, lässt sich, obwohl Gegenstand jahrzehntelanger, fieberhafter Forschung, schwer vorhersagen. Dazu gibt es eine Fülle von Daten, Zahlen, die einzelne Faktoren vergleichsweise exakt erfassen – vom Wert der Kohlenstoffdioxidpartikel in der Erdatmosphäre über den des ansteigenden Meeresspiegels bis hin zu seit dem Beginn der Wetteraufzeichnung gemessenen Höchsttemperaturen und der hochgerechneten Menge täglich aussterbender Pflanzen- und Tierarten. Übertragen in ein Diagramm, in diesen eindrücklich überschaubaren Koordinatenkäfig, lassen sich diese Werte, fein säuberlich nach Einheiten getrennt, extrapolieren, sogar Wechselwirkungen bestimmen, und ergeben am Ende doch nichts anderes als ansehnliche Kurven, die – von ein paar Schwankungen abgesehen – scheinbar zielstrebig von links unten nach rechts oben wandern: von der einen bekannten, unveränderlichen Vergangenheit in mehrere, naturgemäß unbekannte, potenzielle Zukünfte. Es waren so konkrete wie abstrakte Prophezeiungen, deren ausbuchstabierte Szenarien mir in etwa so zugänglich waren wie das Mosaik vollgekritzelter Post-its in Sibylles Flur.

Ich lief die Wand auf und ab, entzifferte einzelne Notizen, vor allem jene signalgelb leuchtenden, mit denen sie die *Midpoints* markiert hatte, aber es war unmöglich, mir einen Begriff vom gesamten Handlungsgeschehen zu machen. Ich schwitzte, dabei war noch nicht einmal Mittag und der Flur noch der kühlste Raum in der ganzen Wohnung. Vielleicht kam das Fieber zurück, dachte ich, und bat Sibylle um einen Schnelltest, der – wie alle, die ich bisher gemacht hatte – negativ blieb.

Am Morgen hatte eine Stimme im Radio gemeldet, dass es sich um den bisher niederschlagsärmsten jemals verzeichneten Sommer handelte. Und die Zeitungen berichteten – nicht im Regionalteil, sondern auf den Titelseiten – von einem mysteriösen Fischsterben ungeheuerlichen Ausmaßes in der Oder. In einer dazugehörigen Reportage nannte es ein Angler »eine Tragödie«, die zuständige Ministerin »eine Katastrophe«, ein Wissenschaftler »ein Massaker«. Auf über 500 Kilometern war ein Strom, der zwei europäische Länder eben nicht nur trennte, sondern auch miteinander verband, tot, sein Ökosystem gekippt.

Ob Sibylle in ihrem Studium Aristoteles' *Poetik* durchgenommen hatte, wusste ich nicht, aber dessen Diktum, in der Dichtkunst nicht mitzuteilen, was wirklich geschehen ist, sondern vielmehr das, was geschehen könnte, galt noch immer. Inwiefern es aber dazu taugte, eine Gegenwart aus sich überlappenden Kipppunkten und Ausnahmezuständen zu beschreiben, war mehr als fraglich.

Ursprünglich war es Sibylles Plan gewesen, ihre Serie in einer nahen Zukunft spielen zu lassen, und mehrmals hatten wir festzumachen versucht, worin sich die Zeit ihrer Filmhandlung von unserer Gegenwart unterschied. Doch seit sie auf ein Zitat des Autors Kim Stanley Robinson gestoßen war, nach dem »Science-Fiction der Realismus unserer Zeit« sei, hielt sie diese Frage für obsolet. Die Zukunft war ungleich verteilt, die Vergangenheit offenbar auch. Eben noch schien das nahe Ende des fossilen Zeitalters als mühsame, doch ausgemachte Sache, jetzt wurden überall in Europa stillgelegte Kohlekraftwerke für den Wiederbetrieb gerüstet. Gegen die unmittelbare, konkrete archaische Wucht des Krieges kam keine Klimakurve an. Wenn der Bombenalarm schrillte, dann ging es in den Keller.

Zu Hause las ich in der *Poetik* noch einmal nach, wie sich Aristoteles die entscheidenden Wendepunkte vorgestellt hatte. »Peripetie«, so heißt es im elften Kapitel, sei der Umschwung der Handlung in ihr Gegenteil, »von Unkenntnis in Kenntnis, mit der Folge, dass Freundschaft oder Feindschaft eintritt, je nachdem die Beteiligten zu Glück oder Unglück bestimmt sind«. Ich ertappte mich tatsächlich dabei, darüber nachzudenken, wozu wir bestimmt waren. Dabei schied doch die bombastische Apokalypse der Johannesoffenbarung ebenso aus wie jegliche neutestamentliche Heilserwartung, die sich in so schuldbewussten wie erlösungsbedürftigen Slogans niederschlug, die nichts Geringeres als die »Rettung der Welt« forderten. Aristoteles, dachte ich, hatte es gut, konnte er sich doch auf den Mythos einer seifenoperhaften Götterschar berufen. »Jede Tragödie«, las ich weiter, »besteht aus Verknüpfung und Lösung. Die Verknüpfung umfasst gewöhnlich die Vorgeschichte und einen Teil der Bühnenhandlung, die Lösung den Rest.«

Mir war sehr wohl bewusst, dass die Geschichte des Lebens auf der Erde keine Bühnenhandlung war und das menschliche Auftauchen auf selbiger ein erstaunliches, doch flüchtiges Vorkommnis auf Proteinbasis, das ebenso verschwinden würde wie eine Reihe anderer wundersamer Wesen. Und trotzdem sah ich noch einmal das Spektakel eines erst brennenden, dann brodelnden und dampfenden, bald schmatzenden Planeten, auf dem sich Wasser zurückzog und Kontinentalplatten verschoben, ungeheure Wälder wucherten, im Ozean allerlei Getier gedieh, das die Landmassen zu erkunden begann, bis nach einer Ewigkeit und einigen eiszeitlichen Sekunden doch noch eine gebückt gehende, behaarte, bewaffnete Kreatur auftauchte, mit der ich mich zu identifizieren gelernt hatte. Der Rest war Sesshaftwerdung und Abholzung, Bergbau, Verstädterung und Satellitenschrott. Ich steckte fest. Wenn das die Vorgeschichte war und das menschliche Leben keine Tragödie werden sollte, dann brauchte es doch eine Lösung, einen Wendepunkt der Handlung. Aber wie sollte der aussehen? Mein Gehirn, das gerade groß genug gewesen war, um den Geburtskanal zu passieren, stieß offenkundig an seine Grenzen. Was fiel ihm ein? Schlimme Sprüche, ökologisch bewegte Kalenderweisheiten wie »Wir haben die Erde nur geliehen« oder »Erst wenn der letzte Baum …«, die ich mir einst mit Glitzerstift auf meine Schulhefter geschrieben hatte und deren Halbwertszeit offenbar geringer war als die einer im Gebüsch verrottenden Plastiktüte. Die dramatischere, ebenfalls auf einen Kipppunkt verweisende Zeitansage, es sei bereits »fünf vor zwölf«, schien ironischerweise eine der ältesten Wendungen zu sein und hatte sich selbst komplett überlebt. In Verwendung war jedoch das sinnverwandte, vor allem im englischsprachigen Raum weit verbreitete Idiom vom sogenannten »canary in the coal mine«, eine so kryptische wie schillernde Formulierung, die das Bild eines gelben, gefiederten Geschöpfes im verborgenen Erdinnern evozierte. Ein Wesen der Lüfte in der Unterwelt, abgeordnet in eine lichtlose Tiefe, in eine Grube, in der es in einem kleinen Käfig sein Lied singt, weil es nicht anders kann und weil es – aus seinem Zusammenhang gerissen – das tut, was Vögel in Menschengeschichten oft

tun: einen Überschuss an Anmut, Schönheit und Sinn produzieren. Wie aber, fragte ich mich, war der Vogel in die Grube geraten, in diese Redewendung, in dieses Sprachbild, ein Bild der Desorientierung, des Elends, des Erbarmens, der Hoffnung, des Anthropozäns?

Auf der Suche nach seinem Ursprung stieß ich auf eine Figur, und Figuren, das wusste ich von Sibylle, waren immer gut. Menschen interessierten sich – mehr als für alles andere – immer noch für Menschen, was durchaus als Teil des Problems angesehen werden konnte. Meine Figur war der schottische Physiologe John Scott Haldane, dessen frühen biografischen *Midpoint* das Drehbuch eines Biopics womöglich in dem Umstand ausmachen würde, dass er als 14-Jähriger miterleben musste, wie sein älterer Bruder George sich erst kupfern verfärbte, dann tagelang hustend nach Luft rang und schließlich an den Folgen der Diphtherie starb. Tatsächlich sollte Haldane das physiologische Wunder der menschlichen Atmung sein Lebtag beschäftigen und zu einer Reihe von Erfindungen vom Hämoglobinometer bis zum Prototyp eines Raumfahrtanzugs, aber auch zu einigen obskuren Versuchsanordnungen veranlassen, die filmreife Szenen abgäben: Wie er etwa Proben verpesteter Luft in den Slums von Dundee und der Londoner Kanalisation nimmt oder am Pike's Peak in Colorado,

4000 Metern über dem Meeresspiegel, die Höhenkrankheit und in schottischen Tiefseelöchern die Taucherkrankheit studiert, nicht zu vergessen das Experiment mit jenen armen Ziegen, die mit torkelnden Schritten aus einem bulläugigen Druckkompensator schwanken.

Doch die Szene, die zu dem kleinen Vogel führt, spielt sich früher ab, in den 1890er Jahren, als Haldane, ein Mann Mitte dreißig, Grubenunglücke in britischen Bergwerken untersucht. Deren Steinkohle trieb im Mutterland der Industrialisierung schnaufende Maschinen an, deren vielverzahnte, wundersame Mechanik nicht nur ungeheuer produktive Energien freisetzte und eine Vielzahl fein verästelter Industriezweige hervorbrachte, sondern auch gewaltige Mengen des Treibhausgases Kohlenstoffdioxid in die Erdatmosphäre und Massen von Arbeitern in die Verelendung entließ.

Haldane, der in dieser nebelverhangenen Szene einer Filmbiografie einen Arbeitsoverall mit Bergarbeiterhelm tragen müsste, einen Käfig voller Mäuse und einen Lederkoffer mit der signalroten, abschreckenden Aufschrift des London Fever Hospital, gilt bereits als anerkannter Atmungsexperte und ist zur Unfallstelle ins südwalisische Rhondda Valley gerufen worden, um, wenn schon nicht das Leben der verunglückten Männer zu retten, so doch zumindest zukünftige Unfälle zu verhindern.

Überflüssig zu erwähnen, dass die Bedingungen in Bergbaurevieren damals wie heute gesundheitsschädlich, oft sogar lebensgefährlich waren – und Explosionen nicht selten, ausgelöst vom feinen Kohlestaub und diversen Gasen, die nicht ohne Grund »Böse Wetter« genannt wurden. Wir sehen jetzt Haldane im Schacht, wie er nicht nur den toten Bergmännern, sondern auch den ebenfalls unter Tage umgekommenen Grubenpferden Blut abnimmt. Wir sehen ferner – es ist ein Farbfilm, es muss ein Farbfilm sein –, wie ihn dessen karmesinrote Färbung stutzig macht, sein Blick auf die Grubenlampen fällt, die noch immer neben den Leichen brennen. Es dauert noch ein paar retardierende Momente, doch schließlich – wir befinden uns nach einem Szenenwechsel in seinem Labor an der Oxforder Universität – gelingt es Haldane nachzuweisen, dass ein Großteil der Opfer nicht, wie vermutet, an Sauerstoffmangel oder an den Folgen unterirdischer Explosionen gestorben ist, sondern an einer Vergiftung mit Kohlenmonoxid, diesem farb-, geschmacks- und geruchlosen Gas, das, selbst wenn nur geringe Mengen davon eingeatmet werden, die Aufnahme von Sauerstoff blockiert und bei größeren Landsäugetieren wie Pferden oder Menschen innerhalb von ein bis zwei Stunden zum Tod führt.

Haldane, der das ganze Leben als einen groß angelegten Selbstversuch ansah und den sein Biograf selbst als eine Art

»Kanarienvogel in der Kohlengrube« bezeichnete, da er sich zur Mehrung des Wissens immer wieder seinen eigenen Experimenten aussetzte, studiert also in einer weiteren Szene die Wirkungen von Kohlenmonoxid auf seinen eigenen Organismus und vergleicht diese systematisch mit denen, die die Substanz bei einer Maus auslöst. Während er bei sich nur leichte Benommenheit feststellt, liegt die Maus bereits bewusstlos in einer Ecke ihres Käfigs, gekrümmt, das helle Bauchfell entblößt. Haldane greift nach dem kleinen Körper, öffnet das Fenster und schon – es sind wirklich nur ein paar Sekunden – kommt die Maus, für die das Drehbuch keinen Namen vorsieht, wieder zu Bewusstsein.

In einer weiteren Szene empfiehlt Haldane den Bergmännern Mäuse als sogenannte Wächtertiere, doch da die Nager unter Tage so allgegenwärtig wie unbeliebt sind, weil sie es stets auf den Proviant der Männer abgesehen haben, mangelt es den Tieren an der nötigen Vertrauenswürdigkeit für diesen Job. Die Rolle der Kanarienvögel in der Geschichte der Humanmedizin sollten sie etwas später doch noch bekommen: als menschliche Modellorganismen in der genetischen Forschung, aber das wäre wohl eher ein Dokumentarfilm, der mit der Kamerafahrt auf das Bronzedenkmal in einem Park von Nowosibirsk beginnen würde, das eine etwa säuglingsgroße Maus in einem Laborkittel darstellt, bebrillt und mit Nadeln bewaffnet, mit der sie das Strukturmodell der DNA-Helix zu häkeln scheint.

Also zurück zu Haldane, der schließlich auf andere Warmblüter von geringer Größe verfiel, die ähnlich handlich und fast so leicht zu beschaffen und zu halten waren wie Mäuse, vor allem aber eine erfolgreiche Karriere als Haustiere vorweisen konnten: Kanarien. Für die Stubenvögel sprach zudem, dass ihre effiziente Atmung, die es ihnen erlaubt, sowohl beim Einatmen als auch beim Ausatmen Sauerstoff aufzunehmen, sie für toxische Gase überaus empfindlich macht, jedenfalls anfällig genug, dass sie rund zwanzig Minuten früher als Menschen ihr Bewusstsein verlieren. Zwanzig Minuten sind eine lange Zeit, lang genug, um die Minen zu verlassen und wieder an die Oberfläche zurückzukehren, um die Lungen mit frischem Sauerstoff zu füllen und dem Erstickungstod zu entrinnen. Zudem sind Vergiftungserscheinungen bei ihnen unmittelbar zu erkennen: Ein bewusstloser Kanarienvogel hört auf zu singen und fällt ohnmächtig von seiner Sitzstange – ein unmissverständliches Zeichen für Gefahr. Und wies nicht bereits das gelb leuchtende Gefieder darauf hin, dass wir es mit einem Zeichen zu tun haben, das gedeutet gehört?

Es gab Quellen, die behaupteten, dass es zunächst jene aus der Art geschlagenen, vom Markt aussortierten und eher günstig zu erwerbenden Vögel waren, die als Bergwerkskanarien zum Einsatz kamen: Männchen mit weniger attraktivem Gefieder und schlechtem Gesangsvermögen. Doch die mir zugängliche zeitgenössische Fachliteratur – Titel wie *Katechismus der Kanarienzucht* (1901) oder *Der Kanarienvogel als Hausfreund der deutschen Familie* (1908) – wurde nicht zu monieren müde, dass »der englische Zuchtgeschmack« Kanarien ohnehin einzig und allein nach Farbe und Gestalt, »mit völlig nebensächlicher Gesangsleistung« hervorgebracht hatte, »Mißgestalten« wie der langhalsige, krummbuckelige *Scotch Fancy*, der eidechsenähnlich gemusterte *Londoner Lizard* oder der »namentlich bei den unteren Volksklassen beliebte« *Yorkshire Spangle*, ein strohgelber Vogel mit braungrünlichem Oberkopf und Augenringen, »die stärkste«, aber auch die, wie es nicht ohne chauvinistische Untertöne heißt, »phlegmatischste englische Kanarien-Rasse«.

In einem Film über Haldane dürfte dennoch eine Szene nicht fehlen. Sie spielt unter Tage und zeigt Bergmänner, halbwüchsige wie früh vergreiste, die mit den Vögeln in ihren kleinen Käfigen um die Wette pfeifen, und da Kanarien dazu neigen, Klangfarben zu imitieren, könnte man sich hier ein unterirdisches, vor allem in den höheren Tonlagen angesiedeltes speziesübergreifendes, sich gegenseitig

stets aufs Neue befeuerndes Konzert vorstellen. Mir gefiel die Idee, dass die Männer ständig nach den Tieren schauten, sich um ihr Wohlergehen sorgten, nicht zuletzt, weil ihr eigenes von dem ihrigen abhing – und dass sie im Notfall auch das Leben ihrer Lebensretter retteten.

Gerührt las ich, dass die Bergmänner ihren Kanarien hinterhertrauerten, als diese in den 1980er Jahren durch weitaus sensiblere, jedoch seelenlose Detektoren – die sogenannten »electronic noses« – ersetzt wurden, waren doch die Vögel in der unterirdischen Symbiose ihnen längst eher Gefährten als trillernde Frühwarnsysteme auf Körnerbasis. Die leeren Käfige wanderten in Museumsvitrinen, wurden zum Erzählanlass einer Anekdote der Industriegeschichte wie die von Haldane erfundene Box in einer Dauerausstellung in Manchester, die im Notfall sogar die sofortige Wiederbelebung des ohnmächtigen Vogels erlaubte: ein gusseiserner Kasten mit gläsernen Fronten, die bulläugige Öffnung mit einem Schwenkbolzenverschluss fest versperrt. Auf der Box thront fest verschraubt eine schwarz glänzende, ja, atombombenförmige Patrone in der Umklammerung einer Rohrschelle. Ein vernickeltes Kupferrohr verbindet sie mit dem Inneren. Hinter den Scheiben sitzt ein Vögelchen, gelb mit grünen Flecken, den blassrosa Schnabel erhoben, seine winzigen schwarzen Äuglein reflektieren lebendig eine ferne Lichtquelle. Der Vogel ist mausetot, sein Balg ausgestopft, von unsichtbarem Draht auf der Stange gehalten. Sein Leben, so viel war klar, konnte »The Canary Resuscitator« nicht gerettet haben.

Wie so oft überwintert Ausgemustertes im Paralleluniversum der Sprache. In ihr leben die Bergwerkskanarien fort, geistern als Unheil verkündende Miniaturkassandras durch Nachrichten, als handliche, gefiederte Orakel, denen es im Angesicht der Katastrophe die Stimme verschlägt und die an jenem prekären Punkt, der über Leben und Tod entscheidet, effektvoll von der Stange fallen. Dabei erweisen sie sich als ähnlich anpassungsfähig wie ihre leibhaftigen Vorbilder. In jüngsten Berichten werden wahlweise eine für chemische Substanzen empfindliche Wasserflohspezies namens Daphnia, die von der Dürre gebeutelte australische Weinindustrie, ein strauchelnder Baseballstar, Methan sprühende Krater in Sibirien, die Absage des Kinostarts von *Batgirl* und Tausende von toten Seekühen, die an den Küsten Floridas verhungert sind, als »canaries in the coal mine« bezeichnet.

Der fidschianische Premierminister Frank Bainimarama stellte hingegen 2021 klar, dass die längst von der Klimaerwärmung betroffenen pazifischen Inselnationen es leid waren, noch länger die Rolle der kleinen, tapferen Wächtertiere zu spielen: »Wir weigern uns, die sprichwörtlichen

2
3
4
5
6
7
8
9
10
12
13
15

Kanarienvögel im Kohlebergwerk der Welt zu sein, wie wir so oft genannt werden«[1], und fügte hinzu: »Wir wollen mehr von uns selbst, als hilflose Singvögel zu sein, deren Forderung als Warnung für andere dient.«[2]

Denn ihr Leben war nicht metaphorisch, es war real und real bedroht – und wollte nachvollziehbarerweise um seiner selbst willen gerettet werden und nicht, weil jene Nationen, die die Misere verursacht hatten, in ihrer prekären Situation die eigene bedrohliche Zukunft vorweggenommen sahen.

Die Kanarienvogelmetapher war kurz davor, ein leerer Käfig zu werden, eine Worthülse. Sie legte nichts mehr bloß, vielmehr schien sie etwas zu verschleiern, wie die Tarnschrift *Der Kanarienvogel* von 1934, die ich im Katalog der Staatsbibliothek entdeckte. Der Titel gibt vor, »ein praktisches Handbuch über Naturgeschichte, Pflege und Zucht des Kanarienvogels« zu sein, tatsächlich aber enthält der Band Molotows Bericht des zweiten Fünfjahresplans auf dem 17. Parteitag der Kommunistischen Partei der Sowjetunion.

Redewendungen sind nicht unschuldig, ja, nicht mal Kanarien sind es, auch wenn Buffon den Stubenvogel im zehnten Band seiner *Naturgeschichte der Vögel* als »[e]in geselliges, sanftes und umgängliches Tier« beschreibt und zu schwärmen beginnt: »Seine Liebkosungen sind angenehm, sein geringer unschuldiger Unwille und sein Zorn beleidigt und verletzet nie«, während Goethe seinen Werther zeitgleich beinahe vor Verlangen vergehen lässt, als das Schnäbelchen von Lottes Kanarienvogel erst ihren eigenen Mund liebkost und dann den seinen küsst: »Die pickende Berührung war wie ein Hauch, eine Ahnung vollen Genusses.«[3] Was mit dem vollen Genuss gemeint ist, legt nicht nur das bis ins heutige Deutsch existierende Verbum »vögeln« nahe, sondern auch die holländischen Genrebilder des 17. Jahrhunderts, auf denen der im Käfig gehaltene Stubenvogel stets und durchschaubar auf nichts anderes verweist als auf den Zustand der Jungfräulichkeit, der naturgemäß prekär ist.

Auf der Suche nach einem Ursprung stieß ich bei Plinius tatsächlich auf das Bild der geraubten Unschuld. In seiner Naturgeschichte schildert er ausgerechnet den Bergbau als nicht-einvernehmlichen Akt, als Vergewaltigung der terra mater: »Wir durchforsten alle ihre Adern [...]«, »wir dringen in ihre Eingeweide und suchen am Sitz der Schatten nach Schätzen, [...] wir graben nach Gold- und Silberadern, nach Erz und Blei, wir treiben Schächte in die Tiefe. Wir reißen ihre Eingeweide heraus, damit wir einen Edelstein an dem Finger tragen, mit dem wir sie angreifen.«[4] Ich wusste nicht, ob mich meine Entdeckung freudig oder fatalistisch stimmen sollte. Die Geschichte, die ich erzählen wollte, schien sehr alt zu sein.

Womöglich lagen die gravierenden Kipppunkte schon so lange zurück, dass viel entscheidender war, ihre Folgen – der Moment, in dem gewöhnlich abgeblendet wird – nicht nur zu verdammen, sondern schätzen zu lernen. Nicht wenige ruinierte Landschaften, fiel mir ein, waren, einmal vom Menschen aufgegeben, mittlerweile Rückzugsraum bedrohter Arten und im Begriff, unter Naturschutz gestellt zu werden. Es wurde unübersichtlich.

»Das Zutagefördern von Erzen und anderen Bodenschätzen«, diktierte ich mir, um Orientierung zu gewinnen, »ist eben nicht nur mit nahezu allen technischen und zivilisatorischen Errungenschaften der Menschheit aufs Engste verknüpft, sondern wie kein anderes Gewerbe oder Gewerk mit unermesslichem Raubbau und schwerwiegenden Verwüstungen und einem Zustand, in dem Natur und Kultur nicht mehr auseinanderzuhalten sind und solch wundersame Amalgame wie Kanarienvögel hervorbringt.«

Die Vögel, die ich aus ihrem Käfig befreien wollte, flogen schnurstracks wieder hinein. Das waren keine Naturwesen mehr, sondern kulturelle Produkte einer Jahrhunderte währenden Domestizierungsgeschichte, deren Dramaturgie vor allem von den unoriginellen Gesetzmäßigkeiten eines Marktes geprägt wurde, die offenbar mit dem Züchtungsmonopol spanischer Mönche im 15. Jahrhundert begann und mit dem Aufkommen des für viele Tiere tödlich endenden Versandhandels Ende des 19. Jahrhunderts noch lange nicht endete. Es war nicht die Geschichte, die ich erzählen wollte, das öde, allgegenwärtige, mächtige Wechselspiel aus Angebot und Nachfrage, das eben nicht nur die gleichförmigen, mitteleuropäischen Kulturlandschaften hervorgebracht hatte, die ich als Naherholungsgebiete so schätzte, sondern auch diese Vögel – mit einem Gesangsvermögen, dessen abwechslungsreiches Getriller nahezu drei Oktaven umfasste, dem ich eine Zeitlang in unzähligen Youtube-Videos gelauscht hatte und das ich nun nicht mehr hören konnte, ohne sofort Kopfschmerzen zu bekommen.

Um sich ein besonders gesangsfreudiges Exemplar heranzuziehen, empfehlen alte Kanarienvogelratgeber, männliche Kanarienvögel einzeln zu halten, was neuere erfreulicherweise als artenwidrig geißeln und darauf hinweisen, dass Kanarien singen, um ihre Artgenossen – potenzielle Rivalen ebenso wie potenzielle Partnerinnen – zu beeindrucken, also das eigene Revier abzugrenzen. Mir fiel die Theorie ein, warum die Evolution eben nicht nur eine unerschöpfliche Vielfalt an biologischen Antworten auf die Frage, was Leben sein könnte, sondern auch so etwas Merkwürdiges, Dekadentes, ja, Überflüssiges wie Schönheit, Ornament und Kultur hervorgebracht hatte – das irisierende Gefieder des Kolibris, den pornographisch nackten Pavianpopo oder eben den nicht selten betörenden Gesang von Vögeln. Diese Theorie hatte, wie ich fand, einen der besten Titel, den eine Theorie haben kann – »Singing for sex« –, und ähnelte in ihrer weltformelhaften Obsession für das »Vögeln« durchaus den Schriften von Sigmund Freud.

Es gab auch eine bescheidenere, doch bewegendere Deutung, die in dem Vogelgesang etwas ausmacht, was die Verhaltensbiologie »Stimmfühlungslaut« nennt und das auch beim Menschen verbreitet ist: mit Lautäußerungen die Umwelt – und auch ein Stück weit sich selbst – davon zu überzeugen, dass es einen noch gibt: »Ich bin hier? Wo bist Du?« Ein Pfeifen im Walde, Selbstvergewisserung und Abwehrzauber zugleich.

Die besten Sänger soll es einst auf Fuerteventura gegeben haben, bevor Abholzung und Überweidung die Insel verwüsteten. Noch immer lebt der Kanarengirlitz in Schwärmen auf Madeira, den Azoren und auf den westlichen der Kanarischen Inseln. Mit etwa eineinhalb bis zweieinhalb Millionen Paaren zählte die Rote Liste ihren Bestand als »least concern«, *nicht besorgniserregend.* Besorgniserregend waren dagegen die abnehmenden Populationen einer Reihe von anderen auf den Kanaren heimischen Tier- und Pflanzenarten: Drachenbäume beispielsweise, der Kanaren-

Weißling, der Iberische Wasserfrosch und eine Handvoll endemischer Rieseneidechsenarten.

Besorgniserregend war ebenfalls die Tatsache, dass mittlerweile zwar die toxische Ursache für das Fischsterben in der Oder identifiziert werden konnte, nicht jedoch jene Einleitungen, die das vermehrte Auftreten der giftigen Goldalge ausgelöst hatten. Nicht zum ersten Mal waren die Faktoren zu komplex, um das Geschehen als Kriminalfall zu behandeln, in dem nur die Täter ausfindig gemacht, gestellt und abgeführt werden mussten. Wie so oft drohte die Geschichte, die das Leben von Millionen Wesen ausgelöscht hatte, zwischen Untersuchungsausschüssen und gegenseitiger Schuldzuweisung zu versanden, ohne dass jemand zur Rechenschaft gezogen wurde. Freiwillige wurden gesucht, die Abertausende von bestialisch stinkenden toten Fischen vom Ufer aufsammelten und in Containern entsorgten, bevor diese auf den Grund hinabsinken und den Fluss durch ihre sauerstoffbindende Zersetzung weiter belasten würden. Ich hatte keine Worte, die tausend Tonnen tote Fische fassen konnten, Tiere, die schon zu Lebzeiten wie keine anderen als stumm gelten.

Irgendwo war von Schadensbegrenzung die Rede, aber ich wünschte mir ein Gesicht, eine Figur, einen Helden, der rettete, nicht reparierte – einen Experten wie Haldane, einen *slightly mad scientist*, der sich auf die Seite der Guten geschlagen hatte und dessen Messungen und Experimente bahnbrechende Erkenntnisse zu Tage förderten, die nicht nur den Erstickungstod von Menschen verhinderten, sondern auch den von Süßwasserfischen und Muscheln. Tausend Tonnen toter Fisch, das war apokalyptisch. Aber da war kein Weltenbrand. Es fing sogar an zu regnen. Es ging einfach weiter.

Bevor ein Kanarienvogel von der Stange fällt, fängt er an zu schwanken. Bevor ein System endgültig kippt, gibt es oft starke Amplituden: Populationen nehmen zu und ab, Messergebnisse werden uneindeutig und trüben das ohnehin diffuse Bild. Dann jedoch, lehren Modelle und Erfahrungen, können Entwicklungen nicht mehr aufgehalten werden und es tritt das ein, wofür jeder Writer's Room die sehr bildliche Formulierung »when shit hits the fan« bereithält, jener ultimative Punkt also, in dem die Scheiße auf den Ventilator trifft und eine Situation komplett außer Kontrolle gerät und eine buchstäblich unberechenbare Kette von Ereignissen nach sich zieht, die unwiderruflich, ja, irreparabel sind und die ich mir aus irgendeinem Grund wie den lawinenartigen Tortenschlacht-Showdown in einem Stummfilm vorstellte, in dem die im Gesicht eines Unschuldigen landende Sahnetorte eine Reihe von so unwahrscheinlichen wie folgerichtigen Kettenreaktionen entfesselt, ehe es mit dem verstörend friedlich wirkenden Bild der totalen Verwüstung erstarb.

Einen Weg zurück gab es nicht. Das Bild des Kanarienvogels schwankte. Die Metapher mochte griffig sein, aber sie half nicht weiter, weil die Erde nun einmal keine Grube ist, die sich im Ernstfall einfach verlassen ließ, auch wenn abgestandene eskapistische Eroberungsphantasien unbetretener Nachbarplaneten in jüngerer Zeit wieder Konjunktur hatten. Es brauchte mehr als auffälliges Vogelverhalten, um erfahrbar zu machen, dass die Förderung von Kohle und anderen Energiequellen aus fossilierten Organismen noch eine andere Verbindung von Sauerstoff und Kohlenstoff – das Kohlendioxid – in der Atmosphäre freisetzt und die Bedingungen für das Leben so gravierend verändert, dass die Zukunft nicht nur ein ungewisser, sondern ein beängstigender Ort geworden ist.

Zu Aristoteles' Zeiten lagen die Kanaren hinter den Säulen des Herkules, am Ende der Welt – und sowohl die Vogelschau als auch die Deutung der eigenen Träume war eine Art Orakel für den Hausgebrauch, wenn man gerade keine Zeit hatte, nach Delphi, Olympia oder Klaros zu pilgern. Waren Träume damals als prophetische Botschaften göttlicher Instanzen das Medium der Wahl, um aus höheren Sphären zu vermitteln, so dienen sie in unserem Kulturkreis bestenfalls noch als Ausdruck tief in der Psyche verborgener Wünsche und Ängste, die einander, wie ich aus langjährigen Analysesitzungen wusste, nicht selten zum Verwechseln ähneln. Und so war ich auch nicht sonderlich davon beeindruckt, als ich irgendwo las, dass Träume über Gruben und das Fallen in selbige unorginellerweise mit der Entdeckung, eine Vagina statt eines Penis zu haben, in Verbindung gebracht werden.

Es gibt wohl kaum einen Begriff, in dem sich die menschlichen Angst- und Wunschvorstellungen so sehr kreuzen, wie den des Anthropozäns: ein Terminus, menschengemacht wie alle Worte – ob nun Gnade, Gaia oder genetischer Flaschenhals. Ein Begriff, der geprägt wurde, um die weltbeherrschende Hauptrolle der eigenen Spezies im Schauspiel des irdischen Lebens zu benennen und damit zugleich das räuberische Wirken der Industriegesellschaften als menschliche Natur festzuschreiben. In dem Dilemma um den Anthropozänbegriff verbirgt sich ein alter Konflikt: Es gibt kein wertfreies Beschreiben. Mit jedem Wort, das wir in den Mund nehmen, mit jeder Metapher, die wir heranziehen, mit jeder Redewendung, die wir bemühen, gestalten wir die Welt mit. Nun lehrt die Erfahrung, dass das gelebte Leben seine folgenschweren Kipp- und Wendepunkte oft erst verzögert offenbart. Momente, die im unmittelbaren Erleben harmlos wirken, entfalten erst im Rückblick ihr schicksalhaftes, zwangsläufiges Potenzial. Die Geschichtsschreibung – ob nun die der eigenen Biografie oder die der globalen Erdnutzung, die nur schwer von der Umweltzerstörung abzugrenzen ist – identifiziert die Dreh- und Angelpunkte erst im Nachhinein.

Wann also hat die Misere angefangen? Mit der Ausrottung des Säbelzahntigers in prähistorischer oder der Einführung der Dampfmaschine in frühmoderner Zeit? Mit dem mesopotamischen Buchhaltungssystem, das Vorratshaltung und Besitzdenken erfand, der neolithischen oder der industriellen Revolution? Mit dem Bergbau, dieser abgründigsten aller Künste? Mit welcher der beiden Erfindungen Fritz Habers? Jener, die es erlaubte, Düngemittel synthetisch herzustellen und damit Milliarden von Menschen zu ernähren, oder jener, die es möglich machte, die feindlichen Soldaten im Ersten Weltkrieg mit toxischen Gasen dahinzuraffen. Es war der heimliche Protagonist dieses Textes, *good old Haldane*, der sich – als Kanarienvogel vom Dienst – im Mai 1915 an die Front der Schlacht von Ypern wagte, die tödlichen Dämpfe als Chlorgas identifizierte und dagegen sogleich eine provisorische Gasmaske erfand. Alles hing mit allem zusammen. Kein Geschöpf war ohne seine Umgebung denkbar. Oder wie es Haldane, der sich im Laufe seines Lebens konsequenterweise vom Atmungs- zum Umweltphysiologen entwickelte, 1935 in seiner *Philosophie eines Biologen* eher nüchtern ausdrückt:

»Die Tatsache, dass das Leben eines Organismus seine Umwelt umfaßt, bringt es mit sich, daß die Leben verschiedener Organismen, obschon sie voneinander unterschieden werden können, sich gegenseitig durchdringen. Es gibt keine räumliche Trennung zwischen den Leben verschiedener Organismen, genauso wenig wie es räumliche Trennungen innerhalb des Lebens eines einzelnen Organismus gibt.«[5]

Als ich Sibylle abends davon erzählen wollte, winkte sie nur ab. »Genau. Es war keine Waffe, es war ein Beutel«, sagte sie ohne erkennbaren Zusammenhang, »und die ganze Frühgeschichte mit ihren auftrumpfenden Mythen vom Jagen und Töten eine imperiale, heroische und ausgesprochen männliche Erzählform, die uns komplett versaut hat.« Ein Teil der Zettel lag auf dem Flurboden verstreut. Sie hatte die US-amerikanische Science-Fiction-Autorin Ursula K. Le Guin entdeckt und beschlossen, deren »Tragetaschentheorie des Erzählens« auf den epischen Handlungsbogen ihrer Serie zu übertragen, eine Geschichte ohne Helden, in dem Figur und Hintergrund verschmelzen, ein multiple Universen mühelos umspannendes Wimmelbild.

Ich war überzeugt, aber ratlos, was das für mein Schreiben bedeuten sollte, wie ich diese myzelartigen, schwer durchschaubaren Verflechtungen mittels Sprache erfahrbar machen konnte, mittels einer Schrift, die die Lücken braucht, um einen Text lesbar zu machen, mittels einer Grammatik, die bei aller Gewachsenheit ein zwar starkes, doch zumeist starres System bleibt. Auch die Genrefrage stellte sich einmal mehr. Eine Anhängerin des Romans, dieser bürgerlichen, individualistischen Gattung, war ich nie gewesen. Seinen Prototyp, in dem ein weißer Mann auf einer einsamen Insel eine sehr fragwürdige Version zivilisatorischer Prozesse, inklusive Sklavenhaltung, noch einmal durchläuft, hatte ich gleichwohl verschlungen. Jetzt fiel mir wieder ein, dass Robinson Crusoes größtes Problem nicht der Hunger darstellte, sondern die Einsamkeit, die er mit der Zähmung eines jungen Papageis zu vertreiben probiert, bevor er seinen erzieherischen Ehrgeiz einem Artgenossen angedeihen lässt.

Ich versuchte mir eine Welt ohne Vögel vorzustellen. Es hieße nichts anderes, als sich das Grauen auszumalen, die totale Stille, das Ende der Welt. Konnte Stille laut sein? Konnte sie Menschen zum Handeln bringen? Immerhin galt ein Buch eines anderen, nicht minder heroischen *scientist* – einer Meeresbiologin – als Ausgangspunkt der Umweltbewegung, das zwar ohne Bergwerkskanarien auskam, in dem jedoch das Verstummen der Vögel ein dringendes Warnzeichen dafür war, den Rückzug anzutreten. In Rachel Carsons 1962 erschienenem Buch *Silent Spring* wird das Schweigen der Vögel zur titelgebenden Realität und Metapher – und die Abwesenheit des Vogelgezwitschers zum markantesten Merkmal einer erstorbenen Gegend, die von einer »seltsamen schleichenden Seuche« heimgesucht wird:

Es war ein Frühling ohne Stimmen. Einst hatte in der frühen Morgendämmerung die Luft widergehallt vom Chor der Wander- und Katzendrosseln, der Tauben, Häher, Zaunkönige und unzähliger anderer Vogelstimmen, jetzt hörte man keinen Laut mehr; Schweigen lag über Feldern, Sumpf und Wald.«[6]

Carson lässt keinen Zweifel daran, wer das zu verantworten hat: »Kein böser Zauber, kein feindlicher Überfall hatte in dieser verwüsteten Welt die Wiedergeburt neuen Lebens im Keim erstickt. Das hatten die Menschen selbst getan.«

»A fable for tomorrow«, heißt das Kapitel im Original, und Carsons narrativer Trick besteht darin, dass sie vor einer akuten Katastrophe warnt, indem sie in ihrem »Zukunftsmärchen« diese bereits stattgefunden haben lässt und die Zeichen zu deuten versteht. Es war die Umkehrung des schrillenden Alarms. Denn das Schweigen der Vögel taugte nur dann als Signal, wenn vorher jemand sie gehört hatte, wenn noch jemandem auffiel, dass sie fehlten. Vermisst werden konnte nur das, woran die Erinnerung noch lebendig war.

Immerhin war Carsons Studie, ein mit literarischem Einfühlungsvermögen und wissenschaftlicher Weitsicht geschriebener Appell, ein ermutigender Beweis dafür, dass Bücher sehr wohl das Aussterben einer Reihe von Arten und damit das nicht-metaphorische Leben von unzähligen Geschöpfen retten können, indem sie juristische Texte beeinflussen. Auch Gesetze und Verordnungen sind letztlich Literaturen, um deren Wert, Anwendung und Gültigkeit in Interpretationen gerungen wird.

1969, sieben Jahre nach dem Erscheinen ihres Buches, Carson war längst an den Folgen einer Brustkrebserkrankung gestorben, gab es den Durchbruch beim Verbot von DDT, einem nicht nur für Insekten, sondern auch für Wirbeltiere toxischen, krebserregenden und im Organismus schwer abzubauenden Stoff. Bei der Anhörung in einem Plenarsaal in Wisconsin hatten zum einen Wissenschaftler dargelegt, wie der Einsatz des Pestizids mittlerweile so flächendeckend war, dass die Population von Rotkehlchen massiv eingebrochen und das Mittel mittlerweile sogar in der menschlichen Muttermilch nachweisbar war. Zum anderen hatten die für die Zulassung des Pestizids zuständigen

Verteter des Landwirtschaftsministeriums vor Gericht zugegeben, dass sie nicht wie Haldane Versuche zu dessen Toxizität durchgeführt, sondern lediglich die Angaben der Hersteller übernommen hatten.

Im selben Jahr hielt Kurt Vonnegut eine Rede vor der American Physical Society, vor einem Publikum aus Physiklehrern, was sicherlich nicht als generisches Maskulinum zu verstehen ist. Er, der selbst Ende der 1930er Jahre ausgerechnet Chemie und Deutsch studiert hatte, dachte laut darüber nach, welchen Nutzen die Künste wohl haben könnten, mit Ausnahme des »interior design«. Er stellte dann etwas vor, was er »the canary in the coal mine theory of the arts« nannte: »Diese Theorie besagt«, so Vonnegut, »dass Künstler für die Gesellschaft nützlich sind, weil sie so sensibel sind. Sie sind hochsensibel. Sie kippen um wie Kanarienvögel in vergifteten Kohlebergwerken, lange bevor robustere Typen überhaupt eine Gefahr erahnen.« Vonnegut fuhr fort: »Das Nützlichste, was ich heute vor dieser Sitzung tun könnte, wäre, sofort umzukippen. Auf der anderen Seite kippen jeden Tag Tausende von Künstlern um, und niemand scheint ihnen die geringste Aufmerksamkeit zu schenken.«[7]

Dass Vonnegut bei diesem Auftritt ein gelbes Kostüm trug, ist unwahrscheinlich. Vermutlich hatte er eines seiner beigen Sakkos an, ein Farbschlag, der im Katalog der Kanarienzüchter ebenfalls vorkommt. Er ist auch an keiner Stelle seiner Rede umgekippt. Aber er führt dann doch die dringenden und scheinbar einfachen Ratschlägen an, die er jungen Menschen mit auf den Weg gibt, um die Welt davor zu bewahren, eine tiefe, dunkle Grube zu werden: »Wenn ich jetzt zu den Studenten spreche, spreche ich moralisch. Ich sage ihnen, dass sie nicht mehr nehmen sollen, als sie brauchen, dass sie nicht gierig sein sollen. Ich sage ihnen, dass sie nicht töten sollen, auch nicht zur Selbstverteidigung. Ich sage ihnen, dass sie das Wasser und die Atmosphäre nicht verschmutzen sollen. Ich sage ihnen, dass sie nicht die öffentlichen Kassen plündern sollen. Ich sage ihnen, dass sie nicht für Leute arbeiten sollen, die das Wasser oder die Atmosphäre verschmutzen oder die öffentlichen Kassen plündern. Ich sage ihnen, dass sie keine Kriegsverbrechen begehen oder anderen helfen sollen, Kriegsverbrechen zu begehen.«[8]

Der Protagonist seines im selben Jahr erschienenem Romans *Slaughterhouse Five* ist ganz gewiss ein Kanarienvogel. Doch fällt er nicht um, sondern vielmehr »aus der Zeit«, weil er zu sensibel ist für das ist, was er während der Bombardierung Dresdens erlebt hat. In einem wild vor- und zurückspringenden, alle Chronologie vernachlässigenden Handlungsgeschehen wird er von Außerirdischen entführt, die hier die zwar unglaubwürdige, dafür umso überraschendere Rolle des Deus ex Machina übernehmen, jener von außen eintretenden übergeordneten Macht, die gewöhnlich das festgefahrene oder auf die Katastrophe zusteuernde Erzählgefüge in letzter Minute zu entwirren weiß. Denn das Schreckliche, es war bereits geschehen.

In einer Rahmenhandlung beschreibt der mit Vonnegut offensichtlich eng verwandte Erzähler immer wieder, wie ich in diesem Essay, nichts anderes als ein Scheitern. In seinem Fall ist es das Scheitern, die Erfahrung des Krieges erzähl- und damit mitteilbar, auch teilbar zu machen, auch wenn er an einer Stelle behauptet, »die Dresden-Geschichte schon mehrmals skizziert« zu haben, da es sein »Geschäft« sei, »mit Höhepunkten und Nervenkitzel, mit Figurenentwicklung, tollen Dialogen, Spannung und Konflikten Handel zu treiben«. Als er das Manuskript endlich seinem Agenten gibt, ist dieser enttäuscht von dem geringen Umfang. Der Erzähler verteidigt sich:

»Es ist so kurz und wirr und schrill, Sam, weil es über ein Massaker nichts Intelligentes zu sagen gibt. Alle sind ja tot und haben nichts mehr zu sagen und nichts mehr zu wollen. Es herrscht vollkommene Stille nach dem Massaker, das bleibt nicht aus. Wenn da nicht die Vögel wären.

Und was sagen die Vögel? Was eben zu einem Massaker zu sagen ist? So etwas wie ›Tschilp-tschilp‹.«[9]

Ich fand es hoffnungsvoll, dass Vonnegut die Vögel in seinem Text das Massaker überleben ließ. Offenbar kapierte mein Verstand immer noch nicht, dass die Geschichte nicht von uns handelte, dass wir nicht die Hauptperson waren, sondern nur eine mit dem Hintergrund verschwimmende Figur, die nichts anderes machte als Vögel mit ihrem Stimmfühlungslaut. Der Kanarienvogel, das war ich, und er versicherte mich, dass ich noch da war, in einer Gegenwart, deren prekärer Zustand nicht nur durch Wissenschaft benannt, sondern durch die Kunst erfahrbar gemacht werden konnte, einer Welt voller *Midpoints*, X-Faktoren und verstörender Schönheit, einem Geflecht einander auf Gedeih und Verderb bedingenden Lebens.

Ich war erschöpft. Mangel an Wissen war offenbar nicht das Problem. Gerade hatte der Club of Rome einen neuen Bericht veröffentlicht, der fünfzig Jahre nach seiner berühmt-berüchtigten Diagnose von den Grenzen des Wachstums zu einem Urteil kam, das mich traf wie der Schlag. »Die bedeutendste Herausforderung unserer Tage«, las ich mit leisem Grauen, »ist nicht der Klimawandel, der Verlust an Biodiversität oder Pandemien«, so das Forschungsgremium, nein, »das bedeutendste Problem« sei »unsere kollektive Unfähigkeit, zwischen Fakten und Fiktion zu unterscheiden«.

Mich fröstelte.

Es war über Nacht kalt geworden. In Sibylles Flur lagerten Holzscheite vor einer nackten Wand. Alle Post-its waren verschwunden. Sie hatte, gleich nachdem ihr der Gasanbieter gekündigt hatte, im Internet einen Kaminofen bestellt, der – mit einigem Glück – noch geliefert werden würde, ehe die Frostperiode begann. Wir würden im Winter das machen, was Aristoteles machte, wenn ihm kalt war: ein Feuer. Und vielleicht würden wir uns eine Geschichte erzählen, die zählt.

Nachbemerkung

Monate später, am Ende eines warmen, niederschlagsarmen Winters, veröffentlichte die Naturschutzorganisation Greenpeace einen Bericht, der drei Bergwerke in Oberschlesien als Verursacher für das Fischsterben in der Oder identifiziert. Diese entsorgen das stark salzhaltige Grubenwasser, das beim Abbau von Steinkohle abgepumpt werden muss, in die umliegenden Flüsse, Nebenflüsse der Oder und Weichsel. Das polnische Gesetz erlaubt die Einleitung von beliebig chloridhaltigen Industrieabwässern in Flüsse. Es ist davon auszugehen, dass sich die Katastrophe wiederholt.

Anmerkungen

1 »We refuse to be the proverbial canaries in the world's coal mine, as we are so often called.«

2 »We want more of ourselves than to be helpless songbirds whose demand serves as a warning to others.«

3 Es handelt sich um eine Stelle im Eintrag vom 12. September 1772.

4 Es sind hier zwei verschiedene Plinius-Stellen, die ich miteinander verschränke, einmal Buch II, 63 und dann noch Buch XXXIII, 1 f.

5 Hier zitiert nach der deutschen Ausgabe von 1936.

6 Hier zitiert nach der deutschen Ausgabe von 1976.

7 »I sometimes wondered what the use of any of the arts was with the possible exception of interior decoration. The best thing I could come up with was what I call the canary in the coal mine theory of the arts. This theory says that artists are useful to society because they are so sensitive. They are super-sensitive. They keel over like canaries in poison coal mines long before more robust types realize that there is any danger whatsoever. The most useful thing I could do before this meeting today is to keel over right now. On the other hand artists are keeling over by the thousands every day and nobody seems to pay the least attention.«

8 »So now when I speak to students, I do moralize. I tell them not to take more than they need, not to be greedy. I tell them not to kill, even in self-defense. I tell them not to pollute water or the atmosphere. I tell them not to raid the public treasury. I tell them not to work for people who pollute water or the atmosphere or who raid the public treasury. I tell them not to commit war crimes or to help others to commit war crimes.«

9 Alle Stellen aus dem Roman zitieren aus der neuesten Übersetzung von Gregor Hens.

Philipp Theisohn

ZÄHLEN UND ERZÄHLEN

Laudatio auf Judith Schalansky

»Eine Geschichte erzählen, die zählt« – nichts anderes ist die Sehnsucht dieses Textes. Eine Geschichte, die zählt: Das zielt nicht auf Geltung, nicht auf Sendungsbewusstsein, nicht auf »Relevanz«. Das alles lag und liegt Judith Schalanskys Prosa stets fern. »Zu zählen«, das bedeutet im Licht ihrer Poetik vielmehr: sich mit den Dingen verbinden, mit den kleinsten noch, das Verschwinden aufzuhalten (nicht nur das eigene), in der Sprache all das zu retten, was vergeht, was verbraucht und vernichtet wird. Nicht zuletzt und hier zuerst: die Tiere. Tausend Tonnen tote Fische in der Oder, Wesen, die »schon zu Lebzeiten wie keine anderen als stumm galten« (»galten«, das wird noch wichtig werden) und für die auch die Erzählstimme »keine Worte« zu finden vermag. Die Ziegen, die der schottische Physiologe John

Scott Haldane in seinen Druckkompensator verbrachte und die diesem »mit torkelnden Schritten und taumelnden Schädeln« wieder entstiegen. Bedrohte Populationen, Wasserfrösche, Rieseneidechsen. Und dann eben jene Vögel, die diesem Text seinen Namen gegeben haben: »Schwankende Kanarien«. Tiere, mitsamt ihrem Gesang in die Tiefe verschleppt, Kreaturen, an denen sich Naturhistoriker und Taxonomen abgearbeitet haben. Vögel, die es auch immer noch zahlreich und in ihren Unterarten zahllos zu geben scheint, die dem Menschen allzu vertraut erscheinen – und hinter denen sich doch ein dunkles Geheimnis verbirgt.

All diese werden hier nun eben »gezählt«, beim Namen genannt, gehört, mitgesprochen; selbst die, für die es »keine Worte« zu geben scheint. Das Werk Judith Schalanskys lebt von jener Poetik des Zählens; offen zutage trat sie zuletzt im *Verzeichnis einiger Verluste* (2018). Begleitet werden die Tauchgänge zu den Verlorenen und Ausgerotteten, zu den Gründen und Abgründen der Naturgeschichte stets durch die Selbstreflexion. Die Frage: »Was hat das Erzählen eigentlich mit der Natur zu tun?« beantwortet Schalansky nicht mit bloßem Verweis auf Verantwortungsbewusstsein oder Dringlichkeit von Sujets. Die Natur ist nämlich kein »Gegenstand« des Erzählens. Die Expedition, auf die uns »Schwankende Kanarien« schickt, kehrt ohne Trophäen zurück: »Die Vögel, die ich aus ihrem Käfig befreien wollte, [...] waren keine Naturwesen mehr«, konstatiert die Erzählerin nüchtern. Natur ist nicht einfach wiederzugewinnen durch Texte, die einfach mal die »andere Perspektive« einnehmen, durch »Gaia Stories«, die Menschen scheinbar durch die Augen der Tiere blicken lassen. Die Literatur weiß, dass das Hybris ist. Was das Erzählen indessen zu leisten vermag, ist Kritik, ist Selbstbefragung. Judith Schalansky ist eine Meisterin der Selbstbefragung, und so befindet sich auch jener Text, über den wir heute sprechen, tatsächlich auf der Suche nach der eigenen Herkunft. Die Frage, was das Erzählen mit der Natur zu tun hat, führt ihn zu sich selbst: Das Erzählen findet seinen Ursprung in der Natur. Zweifellos: Die Natur braucht es nicht, sie kommt gut und gerne ohne den »Überschuss an Anmut, Schönheit und Sinn« aus, den unser Sprechen und Schreiben produziert. Und doch bringt sie genau diesen Überschuss hervor, für den der Kanarienvogel ein Sinnbild zu sein vermag: ein Sänger in der Grube, ein Dichter unter Tage. Ein Wesen, das singt, wo es nur atmen soll. In den Dienst des Menschen gezwungen, reduziert auf ein Seismographen-Dasein, das den Bergmännern den Gehalt an Kohlenmonoxid anzeigt, bringt der Vogel doch das Schöne, das Bezaubernde hervor. Unnötig, so scheint es, doch zugleich unersetzbar.

Der technologische Fortschritt kann die Tiere überflüssig machen; sie hinterlassen dennoch eine Spur der Trauer.

So ist auch die Erzählung, die von dieser Trauer zeugt, selbst solch ein Überschuss der Natur, etwas »Merkwürdiges, Dekadentes«. Als solches versucht sie sich zu begreifen, sich auf den Grund zu gehen und beim Scheitern dieses Unterfangens zuzusehen. Einen natürlichen Ursprung zu haben ist nämlich das eine; dieses Ursprungs habhaft zu werden, etwas ganz anderes. Was »Schwankende Kanarien« überdeutlich erkennt und ausspricht: »Natur« bleibt für uns eine Projektion. Nicht, dass es nichts gäbe, was wir mit diesem Wort bezeichnen können. Doch schon diese Bezeichnung, dieses Sinn-aus-etwas-Machen, vollführt eine Unterwerfungsgeste, trennt das Originäre von der Perversion, vom »Denaturierten«, programmiert damit einen Roman, in dem der Mensch eine Herkunft findet und der ihn dann bis ins sogenannte »Anthropozän« führt. Er kann diesem Roman hochmütig oder reuevoll begegnen, die ihn einhegende Biosphäre wahlweise als notwendiges Opfer auf dem Weg in eine glorreiche Zukunft oder als Stätte vergangener Sünden betrachten, die zu bekennen und mit würdigen Nekrologen abzugelten sind. Das wären die Geschichten, die die Rede von »Natur« prinzipiell vorsieht, in denen auf die eine oder andere Weise aber immer wieder nur dasselbe Geschöpf seine Erst- oder Letztbegründung sucht und wenn überhaupt, dann vor allem sich selbst zählt.

Schalanskys Text erhebt hier Einspruch, er ist Invektive. So findet er die ihn definierende Trope zwar in den Kanarienvögeln, erkennt in der animalischen Spiegelung jedoch zugleich, dass mit diesem Zugriff auf die Fauna bereits die Verfälschung anhebt, dass Tiere als Metaphern eben nicht »weiterhelfen«, ihr literarisch aufgerichtetes Bild zu »schwanken« beginnt. Sie werden nicht mehr »Natur«, weder heilige noch vergewaltigte, und sie geben auch keine Geschichte mehr frei. Vielmehr scheint die Welt, die wir mit ihnen bewohnen, einer Logik zu unterstehen, die ihre Schlüsse so langsam und leise vollstreckt, dass sie gar nicht mehr als »Geschehen« zu orten sind. Die Neige der Biodiversität, das Einmünden in klimatische Katastrophenszenarien: Das formiert sich, wie es dieser Text gleich zu Anfang zu verstehen gibt, zum »Gegenteil einer Geschichte«.

Von Beginn an ist somit der Kontrapunkt gesetzt: Was folgt, das ist ein erzählerisches Trotzdem. Bekommen wir noch einmal Zugriff auf den sich um uns herum vollziehenden Untergang? Das ist eine narratologische Frage. Natürlich braucht es *techné* und *éthos*, aber die folgen erst aus der Geschichte, die wir erzählen wollen. Vorsichtig und im

Dialog mit den Wissenschaften wird hier eine Dramaturgie eingezogen. Keine Eschatologie, keine Tragödie nach aristotelischem Zuschnitt kann es sein; es bedarf neuer, anderer Strukturen, um das fassen zu können, was zu fassen ist. In jedem Fall schließen sie »Kipppunkte« ein: keine Peripetien, nichts Lösendes, Erlösendes, zumindest keine Erlösung für den Menschen, vielleicht eine Erlösung vom Menschen. Vermag man sich dieser Perspektive nur für einen Moment nicht zu verschließen, so gibt es Chancen für eine neue Erzählung, in der auch wir einen Platz finden können. Gehen wir davon aus, dass der Augenblick einer möglichen Umkehr, einer Kurskorrektur oder wie immer man es nennen will, längst hinter uns liegt, ja: dass es vielleicht nicht einmal an uns war, über ihn zu befinden, weil das Problem schlicht darin besteht, *dass wir sind, was wir sind* – dann verschlingen sich Natur- und Kulturgeschichte auf einmal, werden die Ruderalflächen sichtbar, in denen frühere Einträge menschlicher Existenz von Efeu und Getier wieder gelöscht oder zumindest überschrieben werden.

Der Mensch, das lernt man bei Schalansky, trägt ein starkes, mächtiges, schöpferisches, im Zweifel auch ein zerstörerisches Begehren mit sich umher. Er schreibt es in die Welt hinein, er defloriert die Berge, die *terra mater*, er überträgt seine Lust auf die Vögel, sucht den Sexus der Tierwelt und macht ihn sich dienstbar. Doch dieses Begehren führt ein Eigenleben, es verrät den Menschen. Die Ornithomantie wusste noch, dass die Vorstellungen, die man in Vögel hineinlegt, in ihnen weiterleben, sich entwickeln und zu uns verwandelt zurückkehren – und dass man gut daran tut, sie dann wieder aus dem Vogelflug herauszulesen. Jede Bedeutung, die wir der Wirklichkeit aufbürden, bleibt mit uns verbunden, verändert unseren Ort in dieser Erzählung, verteilt Vergangenheiten und Zukünfte neu. Vielleicht war es nur ein Zufall, der nicht das von Elizabeth Fischer wieder aufgespürte Tragetuch, sondern stattdessen den Speer zum definitorischen Objekt der *conditio humana* gemacht hat. Verschrieben hat sich der Mensch damit – Schalanskys Text verweist uns zurück auf Ursula K. Le Guins *The Carrier Bag Theory of Fiction* (1986) – einer auf Volten, Sprünge, eben: Kipppunkte basierenden, prometheischen Geschichte, die wir »Fortschritt« nennen. Gut und packend zu erzählen ist sie. Man möchte sie immer wieder von vorne hören, am besten inselhaft verdichtet, so oft und so lange, bis die Insel überflutet ist. Das ist unsere Geschichte, der Roman dieser Spezies.

»Schwankende Kanarien« sucht nach Ausgängen aus jenem Roman. Der Text will wieder Beutel sein, die Welt zählend in sich aufnehmen, die kleinen und die großen

Dinge, vom Raumschiff bis zum Senfkorn, um Le Guins Worte zu paraphrasieren. Es versteht sich von selbst, dass dieses Zählen ein mühseliges Erzählen ist. Es kennt keine Manöver, keine Helden, keinen plötzlichen Umschlag. Es lebt von den Anfängen ohne Ende, vom Scheitern, vom Drama des Verlustes und vom Nichtverstehen; von der Anhäufung des Zusammenhangslosen – und von der Anerkennung unseres eigenen Geworfenseins. Im Beutel dieser Welt lagern wir neben anderen seltsamen Dingen und Gestalten, nützlichen, schönen und furchterregenden (und von welcher Sorte wir selbst sind, ist nicht mehr zu entscheiden).

Retten wird diese Einsicht weder uns noch die anderen. Judith Schalanskys »Schwankende Kanarien« öffnet uns jedoch für einen Moment die Tür zu einem Paralleluniversum, in dem auch der ausgemusterte Mensch noch einmal neu gedacht, neu gezählt und erzählt werden kann. Nie verlässt diesen Text der Zweifel, nirgends möchte er »belehren«. Seine Souveränität verdankt er ganz und gar einem sowohl in dieser Schärfe selten gewordenen wie kunstvoll umgesetzten Willen zur Aufmerksamkeit. Und was, wenn nicht dieser, wäre einer literarischen Auszeichnung würdig?

ÜBER DEN PREIS

Der WORTMELDUNGEN-Literaturpreis wurde 2017 zum ersten Mal ausgelobt. Seitdem sind Autor:innen einmal im Jahr dazu aufgefordert, kritische Kurztexte zu einem aktuellen Thema von gesellschaftlicher Relevanz einzureichen. Die Texte sollen zwischen acht und 25 Seiten lang und nicht älter als zwei Jahre sein.

In der Annahme, dass gerade kürzere Texte schnell auf aktuelles Geschehen reagieren können, sehen wir beides miteinander verbunden – die zeitgenössische Relevanz und die kurze Form.

Der Fokus auf die Kürze hat aber noch zwei weitere Gründe: Zum einen wird sie innerhalb der deutschsprachigen Literatur stark vernachlässigt, da ihr keine große Marktgängigkeit zugesprochen wird – dabei sind Kurzgeschichten, Erzählungen und Miniaturprosa, aber auch Essays häufig von hoher literarischer Qualität. Sie verdienen unsere Aufmerksamkeit. Zum anderen ist mit der kurzen Form eine höhere Chance verbunden, dass die ausgezeichneten Texte auch zeitnah von einem breiten Publikum gelesen werden.

Dies ist, neben der Dotierung von 35.000 Euro als Autor:innenförderung, das wichtigste Anliegen des WORTMELDUNGEN-Programms: eine breite Öffentlichkeit für das Thema des Preisträger:innentextes zu erreichen und damit inner- wie außerliterarisch eine Debatte anzustoßen.

Daher ist die Preisverleihung nicht nur als Ehrung einer Person konzipiert, sondern ebenso als Diskussionsformat, in dessen Rahmen der Text und sein Thema mit Expert:innen aus Gesellschaft und Wissenschaft diskutiert werden. Die Preisträger:innen sind aufgefordert, das Thema, die Ausrichtung und die Auswahl der Podiumsgäste für die Diskussion mitzugestalten. Eine künstlerische Erarbeitung zum Thema eröffnet zusätzliche Perspektiven am Preisverleihungsabend.

Das WORTMELDUNGEN-Jahr wird vor allem von dem Thema bestimmt, das der Preisträger:innentext setzt. Zugleich kontextualisiert es sich in den Themensetzungen der nominierten Shortlist-Texte: Ihre Vielfalt reichte 2023 von der ökologischen Krise über Ausgrenzungen im Gesundheitssystem zu verschiedenen Perspektiven auf den russischen Angriffskrieg auf die Ukraine. Auf der Shortlist standen neben Judith Schalansky Lisa Krusche, Olga Martynova, Sasha Marianna Salzmann und Kinga Tóth. Die Shortlist-Nominierung ist mit 3.500 Euro dotiert.

Die nominierten Texte verbinden hohe literarische Qualität und formale Innovation mit einem aktuellen Thema. Um dem Anspruch einer solchen Setzung gerecht zu werden, ist die interdisziplinäre WORTMELDUNGEN-Jury mit sieben Expert:innen ganz unterschiedlicher Fachrichtungen besetzt: Neben Literaturkritik sind dies unter anderem Soziologie, Philosophie, Journalismus sowie eine künstlerische Position.

Um innerliterarisch gezielt eine Debatte anzustoßen, formuliert die Person, die den Preis erhält, auch einen Aufruf zum Förderpreis, der eng mit dem Literaturpreis verbunden ist und thematisch aus ihm hervorgeht. Der Aufruf knüpft an den Preisträger:innentext an und bleibt zugleich offen genug für eine eigene künstlerische Ausarbeitung.

Während sich der Literaturpreis an bereits etablierte Autor:innen richtet, die eine eigenständige Publikation bei einem deutschsprachigen Verlag veröffentlicht haben, sind mit dem Förderpreis junge Autor:innen angesprochen, von denen noch kein literarisches Debüt vorliegt. Der mit insgesamt 15.000 Euro dotierte Förderpreis wird an drei Nachwuchsautor:innen vergeben. Auch für den Förderpreis wird eine Shortlist nominiert, die zehn Texte umfasst, um ein möglichst breites Spektrum an literarischen Antworten auf den Preisträger:innentext zu zeigen.

Die Shortlist-Nominierung ist mit einer Dotierung von 500 Euro versehen.

Seit 2022 trägt der Preis den Namen der 2019 verstorbenen Stifterin und wird als WORTMELDUNGEN Ulrike Crespo Literaturpreis für kritische Kurztexte vergeben.

ÜBER JUDITH SCHALANSKY

Judith Schalansky, geboren 1980 in Greifswald, lebt als freie Schriftstellerin und Buchgestalterin in Berlin. Ihre Bücher, darunter der »Atlas der abgelegenen Inseln« (2009), der Bildungsroman »Der Hals der Giraffe« (2011) sowie das »Verzeichnis einiger Verluste« (2018) sind in mehr als 25 Sprachen übersetzt und wurden vielfach ausgezeichnet. Seit 2013 gibt Judith Schalansky die Reihe »Naturkunden« und seit 2022 die »Bibliothek Wildes Wissen« im Verlag Matthes & Seitz Berlin heraus.

DANKSAGUNG

Besonderer Dank gilt unserer Preisträgerin Judith Schalansky für ihren kunstvollen und erkenntnisreichen Essay. Wir bedanken uns bei den engagierten Mitgliedern der Jury des WORTMELDUNGEN Ulrike Crespo Literaturpreises, Elke Buhr, Rahel Jaeggi, Paul Jandl, Steffen Mau, Barbara Mundel, Miryam Schellbach und Philipp Theisohn, für die Nominierung der Preisträgerin und der Shortlist 2023. Philipp Theisohn sei für seine treffende Laudatio gedankt.

Jörg Sundermeier, Kristine Listau und dem Verbrecher Verlag danken wir für die sehr gute Zusammenarbeit.

ABBILDUNGSNACHWEIS

S. 19: © Trinity Mirror / Mirrorpix / Alamy Stock Photo.

S. 21: Fotograf unbekannt, Creative Commons CC

S. 27, 31 u. 32: Russ, Karl: *Der Kanarienvogel; seine Naturgeschichte, Pflege und Zucht*, Magdeburg, 1906.

S. 28: Science + Industry Museum, Creative Commons CC

CRESPO FOUNDATION

WORTMELDUNGEN – Der Ulrike Crespo Literaturpreis
für kritische Kurztexte wird jährlich von der Crespo Foundation
vergeben.

Zweite, durchgesehene Auflage
Verbrecher Verlag Berlin 2024
www.verbrecherei.de

Druck und Bindung: CPI Clausen & Bosse, Leck
Satz: Christian Walter

ISBN 978-3-95732-564-8

Printed in Germany